OPINION

D'UN

FRANÇAIS.

OPINION

D'UN

FRANÇAIS,

DÉDIÉE

AU SÉNAT ET AU CORPS-LÉGISLATIF,

Par M. T***.

PARIS,

Chez les Marchands de Nouveautés.

———

M. DCCC XIV.

OPINION

D'UN

FRANÇAIS,

DÉDIÉE

AU SÉNAT ET AU CORPS-LÉGISLATIF.

———

L'AUTORITÉ paternelle est la seule qui émane de la nature ; elle a pour bornes la mesure des besoins et de la faiblesse des enfans. Toute autre autorité doit être consentie et accordée volontairement : sans quoi elle ne serait fondée que sur la force et l'injustice, et pourrait être justement renversée par une force supérieure de résistance.

Cependant les nations ont leur en-
fance comme les individus; l'ignorance
les empêche de connaître leurs droits,
de les discuter et de les défendre ; elles
se soumettent alors sans peine au gouvernement que leur donne le hasard ou
la violence : mais à mesure qu'elles ac-
quièrent des lumières et des connais-
sances, elles s'agitent pour être libres.

Un Monarque prudent, dans cette
circonstance, doit adapter ses lois à la
situation de la nation; il doit associer
au gouvernement les hommes instruits,
leur donner des titres et des distinctions
qui les attachent au trône.

Mais lorsqu'une nation est arrivée au
point que les lumières et les connais-
sances sont répandues dans toutes les
classes, la monarchie absolue ne peut
plus lui convenir: alors un bon Roi doit

aller lui-même au-devant de ses désirs, et travailler à faire son bonheur, en régnant par la constitution.

Un Roi qui veut arrêter une révolution qui est dans l'esprit du peuple, peut allumer la guerre civile, faire couler le sang; mais il ne peut pas étouffer les idées de liberté et de justice, ni faire rentrer les vérités dans l'oubli : la nation lutte et s'agite jusqu'à ce qu'elle ait conquis ses droits.

Il me paraît que la France est mûre pour jouir de ses droits, et qu'elle ne peut être heureuse et tranquille que sous une monarchie constitutionnelle.

Il y a vingt-cinq ans qu'elle s'est prononcée à la face du monde entier. La révolution est sortie avec majesté du vœu national; tous les hommes éclairés de l'Europe y ont applaudi; les vœux de tous les peuples ont accompagné ses premiers pas. Elle serait arrivée glorieusement au port, si le vertueux et trop malheureux Louis XVI, que le peuple français portait dans son cœur, s'était mis franchement à la tête de sa nation, et s'il avait montré plus de caractère. Les nobles et les prêtres l'ont contrarié dans sa marche; ils l'ont abandonné à la fureur d'une poignée d'assassins, avides de pouvoirs et de crimes, et ont creusé, sans le vouloir, l'abyme qui s'est ouvert sous ses pas, et qui a entraîné dans sa chûte le malheur de la France; ils nous ont attiré la guerre civile et la guerre étrangère : c'est à eux qu'on doit attribuer tous les malheurs et tous les excès de la révolution. Nous avons cru les terminer en mettant à notre tête un homme qui alors nous paraissait grand, et qui d'abord sembla justifier notre opinion : on lui accorda malheureusement trop de confiance et trop de pouvoir. La France croyait lui devoir son repos ; elle fut trop reconnaissante ; il nous énivra de gloire et de succès, et nous n'aperçûmes pas l'abyme dans lequel il nous conduisait.

Mais parce qu'un homme a abusé de la confiance de la nation, et de la force qu'on lui avait donnée, est-ce une raison pour se livrer à un autre, sans précaution et sans sûreté ! n'est-ce pas au contraire un motif de mettre plus de prudence et de restriction dans nos conventions, pour ne pas retomber une seconde fois dans les mêmes malheurs !

Napoléon est arrivé à la tyrannie, parce qu'il a pu disposer de la force nationale, et de nos trésors. — Que la constitution, prévoyante, empêche le Roi d'abuser de l'une et de l'autre.

Il envahissait les États ; il détrônait les Rois , et attirait sur nous la vengeance de toutes les nations de l'Europe. — Que désormais le Roi ne puisse déclarer la guerre , ni faire la paix, sans y être autorisé par le Sénat et le Corps-Législatif.

Napoléon attachait à sa tyrannie les magistrats et l'armée , en les enrichissant par la distribution des terres usurpées et par le produit de ses lois fiscales. — Que le Roi ne puisse disposer que de sa liste civile ; que les récompenses méritées soient accordées par une loi.

Napoléon employait la force armée pour opprimer les citoyens. — Que le Roi ne puisse faire marcher aucun corps d'armée dans l'intérieur contre des Français , sans y être autorisé par la loi.

Napoléon faisait arrêter des citoyens, et les privait de la liberté ; il les faisait

juger par des commissions spéciales. —
Que la constitution renferme toutes les
dispositions nécessaires pour garantir la
liberté individuelle.

Napoléon nous cachait la vérité, les
journaux publiaient le mensonge, et nous
tenaient dans l'erreur. — Que la constitution garantisse la liberté de la presse.

Napoléon destituait à volonté les magistrats et les employés de l'Etat. — Que
personne ne puisse perdre sa place que
par un jugement, ou par suite d'une ré-
forme autorisée par la loi.

Enfin, que tous les corps de l'Etat
soient indépendans du Trône, et qu'ils
n'aient rien à craindre en défendant les
lois contre les tentatives du Souverain.
Cependant j'entends crier de toute part :
A quoi bon une constitution ? N'avons-
nous pas été heureux sous nos anciens

Rois ? — Je répondrai à celui qui tient ce langage : — Vous apparteniez autrefois à une classe privilégiée, ou vous étiez un vil esclave qui vouliez établir votre fortune par la bassesse.

La révolution française naquit de l'amour de la liberté et de la connaissance de nos droits. Ces sentimens sont dans tous les cœurs, et gravés en caractères ineffaçables. Nous ne pouvons plus être heureux et tranquilles sous une monarchie absolue.

La Nation a d'autant plus besoin de garantie contre le Roi, qu'elle a replacé sur le Trône l'ancienne famille des Bourbons : ils ont ramené avec eux des émigrés qui doivent avoir des motifs de vengeance.

Mais, me direz-vous, les Bourbons ont proclamé l'oubli du passé ; ils viennent avec des intentions pacifiques ; ils

sont vertueux ; ils veulent faire le bonheur de la Nation. — J'aime à croire que
la déclaration des Bourbons est sincère ;
cependant ma croyance n'est appuyée
que sur l'estime que j'ai pour eux. Lorsqu'ils se sont prononcés, ils n'avaient
pas la force ; quand vous la leur aurez
confiée, ne pourront-ils pas tenir un
autre langage ? Je dirai même que leurs
premières démarches sont peu conformes
à leur déclaration.

Les Bourbons, dites-vous, ont oublié
le passé. — Ils ont conduit tous les corps
de l'Etat aux pieds des autels, pour faire
amende honorable : ce qui est d'autant
plus humiliant, que quelques hommes,
qui font partie de ces corps, ont voté
la mort de Louis XVI. Réfléchissez, et
dites-moi si c'est une marque de l'oubli
du passé.

Les Bourbons ont été rappelés par la

constitution du Sénat, ils en ont accepté
les bases ; et s'ils ont fait quelque restriction, elle ne porte pas sur le fond
ni sur l'esprit, ayant été faite à la hâte,
disent-ils ; elle manque de développe-
ment ; mais dans leur premier acte, ils
ont violé cette constitution. Ils ne doivent
régner que par elle ; voilà la base prin-
cipale, et l'article le plus essentiel qui
consacre le droit le plus précieux de la
nation. Cependant, Louis XVIII se qua-
lifie, par la grace de Dieu, Roi de France
et de Navarre.

La cocarde et le drapeau tricolors
étaient le signe national. Ils y ont subs-
titué les signes de l'ancienne monarchie
qui n'existe plus. Il fallait, pour légiti-
mer ce changement, une loi qu'ils ne
peuvent pas faire seuls ; car, d'après la
constitution, en vertu de laquelle ils s'as-
soient sur le Trône, le Roi, le Sénat et

le Corps-Législatif doivent concourir pour faire la loi.

Ils ont ramené à leur suite des émigrés bannis. La nation doit aux Bourbons leur rappel, j'en conviens; mais ils doivent l'attendre d'une loi.

Le Roi a mis quelques modifications sur l'impôt; mais d'après la constitution qu'ils ont acceptée, l'impôt doit êtreconsenti par le Corps-Législatif.

D'après cette même constitution, les militaires conservent leurs grades et leurs dignités; cependant plusieurs viennent de les perdre, et l'on a favorisé quelques hommes privilégiés qui étaient bannis par des lois qu'on n'a pas encore rapportées.

Ces premiers actes des Bourbons ne doivent-ils pas nous faire craindre qu'ils ne veuillent régner par droit d'hérédité et

non en vertu de la constitution. Si le
Sénat et le Corps-Législatif reconnaissent
ce principe, il s'ensuit évidemment qu'ils
tiennent de leur naissance le pouvoir.
Louis XVII a succédé à Louis XVI :
encore enfant, de son cachot du Temple,
il régnait sur nous. Louis XVIII lui a
succédé de droit ; il a promené son trône
dans toute l'Europe ; et réfugié chez nos
ennemis, il nous donnait des lois ! Il peut
abolir toutes celles qui ont été faites sans
lui ! Il peut annuller la vente des biens
nationaux , rétablir les droits féodaux
et les priviléges de la Noblesse ! Il peut ! ! !
il peut ! ! ! il peut ! ! !

Membres du Sénat et du Corps-Législatif, ne voyez-vous pas l'abyme dans
lequel on va précipiter la nation et où
vous serez engloutis vous - mêmes ? Si
vous ne montrez de la fermeté , on
nous conduit à la guerre civile ou à
l'esclavage !

Mais, me direz-vous, la nation veut que les Bourbons montent sur le Trône par droit d'hérédité. Lisez les adresses des villes , celles des prêtres et de quelques Corps de la magistrature. Je vous répondrai qu'ils ne sont pas chargés d'émettre le vœu de la nation; c'est vous qui êtes ses représentans ; c'est vous qu'elle a chargés de défendre ses droits ; vous seuls pouvez parler en son nom. Eh! quel compte peut-on tenir de ces adresses ? Il n'y a que quelques jours qu'on en faisait de pareilles à Napoléon ; elles étaient revêtues des mêmes signatures, écrites de la même main.

Membres du Sénat et du Corps-Législatif, l'Europe vous contemple : tous les hommes éclairés suivent vos démarches ; la postérité vous jugera. Les nations qui nous entourent sont libres : sommes-nous moins dignes qu'elles de l'être ?

Mais, si vous voulez que la France

2

soit libre, soyez fermes, et prenez toutes
les sûretés pour la conservation de la
constitution. Vous n'assurerez jamais la
liberté, si vous laissez au Roi la force
des bayonnettes et les trésors de l'Etat,
et si vous ne gardez pour vous qu'une
force morale. Napoléon a établi sa tyrannie par la force et la corruption. Si
Louis XVIII en est incapable, Louis XIX,
ou quelqu'un de ses successeurs, pourrait l'entreprendre.

La noblesse héréditaire me paraît dan-
gereuse à l'Etat ; elle attaque l'égalité des
droits, même sans aucun privilége ; elle
entretient dans cette classe un orgueil
et des préjugés humilians pour le reste
de la nation ; elle trace une ligne de dé-
marcation entre les citoyens. La Noblesse
à vie peut être une récompense des services rendus à l'Etat.

Deux espèces de Noblesses, opposées
d'opinion, de préjugés et d'intérêts,

doivent tôt ou tard troubler l'Etat. Chacune voudra obtenir la préférence ; elles refuseront de s'allier l'une à l'autre : si l'une veut défendre l'Etat, l'autre fera tout pour le Trône.

Les Bourbons sont nécessaires à la France ; eux seuls peuvent nous assurer la tranquillité et le repos : nous leur devons des égards, de la reconnaissance et de l'estime. Le vœu général les appelle au Trône ; mais ils seraient peu généreux, si, pour prix des services qu'ils peuvent nous rendre, ils exigaient le sacrifice de notre liberté ; s'ils nous présentaient d'une main la guerre civile, et de l'autre la monarchie absolue. Mais non, chassons cette crainte ; ils sont vertueux et bons. Instruits dans l'école du malheur, ils se proposent Henri IV pour modèle ; ils trouveront dans leur cœur le moyen de mettre fin à nos troubles, et d'assurer notre bonheur.

FIN.

www.ingramcontent.com/pod-product-compliance
Lightning Source LLC
LaVergne TN
LVHW051137060726
842526LV00006B/2099